INTRODUCTION

La rouille est un langage statique extrêmement rapide et économe en mémoire avec un système de construction riche et un modèle de propriétaire. Il peut être utilisé pour alimenter des services essentiels aux performances tout en garantissant la sécurité de la mémoire et la sécurité des annonces, permettant aux développeurs de déboguer au moment de la compilation. En plus de cela, Rust a une grande quantité et un compilateur convivial avec des outils de bout en bout comme des gestionnaires de paquets intégrés et plusieurs éditeurs avec fonction tures comme l'inspection des pneus et l'auto-simple tion. La rouille empêche tous les accidents, et il est très intéressant que la rouille soit sûre par défaut comme JavaScript, Ruby et Puthon. C'est beaucoup plus puissant que C / C ++ car nous ne pouvons pas écrire le mauvais code parallèle, vous ne pouvez jamais voir de défaut dans la rouille. Il est très rapide pour représenter très bien un grand nombre de paramètres de programmation. Mais la question se pose car il y a déjà tellement de langages de programmation comme Puthon, C++, Java, etc., alors pourquoi le besoin de développement un nouveau langage de programmation. La réponse à cela est que l'autre langage de programmation a beaucoup de contrôle sur le matériel que vous utilisez, par exemple, vous pouvez optimiser c'est bien, traduisez directement en assemblage, mais ce n'est pas très sûr. Ainsi, la rouille nous fournit tous les contrôles que nous pouvons avoir et tous les niveaux de sécurité que nous pouvons atteindre. Lisez la suite pour en savoir plus sur la "Programmation Rust pour les débutants" dans ce guide.

CHAPITRE UN

Qu'est-ce que la rouille ?

Rust est un langage de programmation multi-paradigme de pointe utilisé pour créer des systèmes d'exploitation, des logiciels et d'autres outils matériels et logiciels. Il a été développé par Graudon Hoare chez Mozilla Research en 2010. La rouille est optimisée pour le confort et le café, surtout en priorité. ng en toute sécurité. Le langage ressemble le plus à C ou C++ mais utilise un vérificateur d'emprunt pour valider la sécurité des références. Rust est un langage de programmation idéal pour le développement embarqué et bare-metal. Certaines des applications les plus courantes de Rust sont des systèmes de bas niveau tels que les noyaux d'exploitation ou les applications de microcontrôleur. Rust se démarque des autres langages de bas niveau avec un excellent support de programmation simultanée avec prévention de la collecte de données.

Pourquoi devrais-je apprendre Rust ?

Le langage de programmation Rust est idéal pour la programmation de bas niveau en raison de son propriétaire unique. et son dévouement à l'optimisation et à la sécurité. Bien qu'il ne soit pas encore courant dans les grandes entreprises, il reste l'un des langages les mieux notés.

Rust continue de s'améliorer et les exigences des systèmes de bas niveau continuent d'augmenter, donc Rust est dans une mauvaise résolution langue des systèmes d'évaluation de demain. Devenir un développeur de rouille à ce stade précoce vous aidera à décrocher ces rôles en demande qui offrent une sécurité d'emploi inégalée et un haut niveau.

A quoi sert Rust ?

Rust étant un langage de niveau plutôt bas, il est utile lorsque vous avez besoin d'exploiter davantage les ressources dont vous disposez. Puisqu'il est systématiquement typé, le système de type vous aide à dissuader certaines catégories de bogues lors de la compilation. Par conséquent, vous aurez tendance à l'utiliser lorsque vos ressources sont limitées et lorsqu'il est important que votre logiciel ne tombe pas en panne. En revanche, les langages typés dynamiquement de haut niveau comme Puthon et JavaScrit sont meilleurs pour des choses comme les protocoles simples.

Voici quelques cas d'utilisation de Rust :

- Outils de ligne de commande puissants et multiplateformes.
- Services en ligne distribués.
- Appareils embarqués.

Partout ailleurs, vous auriez besoin d'une programmation système, comme les moteurs de navigation et, peut-être, le noyau Linux. Par exemple, voici quelques systèmes d'exploitation, écrits en Rust : Redox, intermezzOS,

QuiltOS, Rux, Tock.

Quelle est la particularité du langage Rust ?

La rouille est un langage de programmation statiquement conçu pour la performance et la sécurité, en particulier en ce qui concerne le son et la mémoire. nagement. Sa syntaxe est similaire à celle de C++. Il s'agit d'un projet open-source développé à l'origine chez Mozilla Rearch. En 2021, la Fondation Rust a repris le flambeau et propulse le développement du langage. Rust résout les problèmes avec lesquels les développeurs C/C++ sont aux prises depuis longtemps : erreurs de mémoire et programmation simultanée. Ceci est considéré comme son principal avantage. Cependant, ce ne sont pas les seuls exemples de la différence entre Rust et C++. Bien sûr, on peut affirmer que M'Dern C ++ est en train de s'écarter de plus en plus (par exemple, je suis en train de s'imposer), mais à ne plus être un peu rotique. L'un d'eux est "utiliser après des erreurs gratuites", qui se produit lorsqu'un programme continue d'utiliser un pointeur après qu'il a été libéré, par ex. appeler la fonction lambda après avoir libéré ses objets de référence. Dans Rust, d'autre part, vous avez le vérificateur d'emprunt, la partie du compilateur qui s'assure que les références ne survivent pas aux données. auquel ils se réfèrent. Cette fonctionnalité vous aide à éliminer les bogues de mémoire. De tels problèmes sont détectés au moment de la compilation, et la collecte des ordures est inutile. De plus, dans Rust, chaque référence a une durée de vie, où vous pouvez définir la portée pour laquelle cette référence est valide. Cette fonctionnalité résout le problème avec des références qui ne sont plus valides, et distingue également Rust de C et C++. L'importance d'une gestion correcte de la mémoire devient immédiatement irrésolue lorsque vous vous rendez compte qu'au cours des

12 dernières années, environ 70 % de tous les bogues de sécurité dans les produits Microsoft ont été des problèmes de sécurité de la mémoire. Le même numéro est également renvoyé pour Google Chrome. Dans Rust, il existe deux modes d'écriture de code : Safe Rust et Unsafe Rust. Safe Rust impose des restrictions supplémentaires au programmeur (par exemple, la gestion de la propriété de l'objet), garantissant ainsi que le bon travail s correctement. Unsafe Rust donne au programmeur plus d'autonomie (par exemple, il peut fonctionner sur des routeurs bruts de type C), mais le code peut être bloqué. Le mode Rouille non sécurisé déverrouille plus d'éléments, mais vous devez prendre des précautions supplémentaires pour vous assurer que votre code est vraiment sûr. Pour ce faire, vous pouvez le décrire dans des abstractions de haut niveau qui garantissent que toutes les utilisations de l'abstraction sont sûres. Comme avec d'autres langages de programmation, l'utilisation de code dangereux doit être abordée avec précaution afin d'éviter un comportement indéfini et de minimiser évaluez le risque de défauts de connexion et de vulnérabilités résultant d'une mémoire peu sûre. Le modèle bi-mode de Rust est l'un de ses plus grands avantages. En C++, d'autre part, vous ne savez jamais que vous avez écrit du code dangereux jusqu'à ce que votre logiciel se bloque ou qu'un problème de sécurité se produise.

Rust est-il orienté objet ?

Qui sait ce que signifie "orienté objet" de nos jours ? La réponse n'est pas vraiment. La rouille a des caractéristiques orientées objet : vous pouvez créer des structures, et elles peuvent contenir à la fois des données et des méthodes associées sur ces données, wh C'est un peu similaire aux classes moins l'héritage. Mais contrairement à des langages comme Java, Rust n'a pas d'héritage et utilise des traits pour atteindre le rollymorhisme à la place.

Rust est-il un langage de programmation fonctionnel ?

Même si Rust est similaire au C, il est fortement influencé par la famille de langages ML. (Cette famille comprend des langages tels que OCaml, F # et Haskell.) Par exemple, Rust suit un certain nombre d'architectures de Haskell et Rust possède de puissantes capacités de correspondance de modèles.

La rouille présente plus de mutabilité que les programmes fonctionnels ne le feraient habituellement. Nous pouvons le penser comme ceci : Rust et FP essaient tous deux d'éviter l'état mutable partagé. Alors que FP se concentre sur l'évitement de l'état mutable, Rust essaie d'éviter la partie commune du danger. La rouille manque également de beaucoup de choses qui rendraient possible la programmation fonctionnelle, telles que l'optimisation et la bonne protection pour r structures de données fonctionnelles.

Dans l'ensemble, il y a suffisamment de support pour la programmation fonctionnelle dans Rust pour que quelqu'un ait écrit un livre à ce sujet.

Rust est-il bon pour le développement de jeux ?

Théoriser, oui. Étant donné que Rust est axé sur les performances et n'utilise pas de récupérateur de déchets, les jeux écrits devraient être plus performants et plus rapides.

Malheureusement, l'écosystème est encore jeune, et il n'y a rien d'écrit dans Rust qui se compare à Unreal Engine, par exemple . Les problèmes sont là, cependant, et Rust a une solution vivante.

Rust est-il bon pour le développement Web ?

Rust a plusieurs cadres pour le développement Web comme Astix Web et Rosket qui sont très utilisables et bien construits. En particulier, si vous êtes à la recherche de vitesse pure, Actix Web frappe le moteur des benchmarks du cadre.

Cependant, Rust n'a rien qui puisse rivaliser avec l'écosystème de cadres comme Django et Rails. Étant donné que Rust est un langage plutôt jeune, il manque de nombreuses bibliothèques utilitaires pratiques, ce qui signifie que le processus de développement n'est pas tout simplement.

TL; DR Rust est un outil puissant pour l'écriture d'applications sécurisées pour la mémoire et les threads tout en les conservant rapidement. Bien qu'il ait un grand potentiel, il n'est pas clair si le choix de la rouille est justifié dans les domaines où un support considérable de la bibliothèque est nécessaire en ce moment même.

Quelle est la propriété?

La propriété est une caractéristique centrale de Rust et c'est en partie pour cette raison qu'elle est devenue si populaire. Tous les langages de programmation doivent avoir un système pour libérer la mémoire inutilisée. Certains langages comme Java, JavaScrit ou Python ont des récupérateurs de mémoire automatiques qui suppriment automatiquement les références inutilisées. Des langages comme C ou C++ sont nécessaires, qui permettent aux développeurs d'allouer et d'allouer manuellement de la mémoire chaque fois que nécessaire. L'allocation manuelle présente de nombreux problèmes qui la rendent difficile à utiliser. La mémoire allouée trop longtemps gaspille de la mémoire, la désallocation de mémoire trop tôt provoque des erreurs et l'allocation de la même mémoire deux fois provoque une erreur. Rust se distingue de tous ces langages en utilisant un système propriétaire qui gère la mémoire à travers un ensemble de règles appliquées d par le compilateur à un moment donné.

Les règles de propriété sont :

- Chaque valeur dans Rust a une variable qui s'appelle son propriétaire.
- Il n'y a qu'un seul propriétaire à la fois.
- Lorsque le propriétaire fait faillite, la valeur sera réduite.

Pour l'instant, expliquons comment Ownershir fonctionne avec les fonctions. Les variables déclarées sont attribuées pendant leur utilisation. S'ils sont passés en tant que paramètres d'une autre fonction, l'attribution est déplacée ou transférée à un autre propriétaire pour qu'il l'utilise.

fn principal() {

soit x = 5 ; //x est propriétaire de 5

fonction(x);

}

fonction fn (numéro : 32) { //nombre de gains de propriété de 5

let s = "mémoire" ; // une partie de s commence, s est valide à partir d'ici

// faire des trucs avec s

} // ce jeu est maintenant terminé, et ce n'est pas

// plus valide

La clé à retenir ici est de savoir comment x et x sont

traités différemment. x a à l'origine la propriété sur la valeur 5, mais doit transmettre la propriété au nombre de ramètres une fois qu'il quitte la partie de la fonction principale () . L'utilisation comme ramètre permet à la partie de l'allocation de mémoire 5 de continuer au-delà de la fonction d'origine. D'autre part, s n'est pas utilisé comme paramètre et ne reste donc alloué que pendant que le programme est avec la fonction (). Une fois la fonction () terminée, la valeur n'est plus jamais nécessaire et ne peut pas être allouée à la mémoire libre.

Quelle est la structure?

Un autre des outils avancés de Rust sont les structures, appelées structures. Ce sont des types de données personnalisés que vous pouvez créer pour représenter des pneus d'objets. Lorsque vous créez la structure, vous définissez une sélection de champs pour lesquels toutes les approbations de cette structure doivent avoir une valeur. Vous pouvez les considérer comme similaires aux classes de langues comme Java et Puthon.

La syntaxe d'une description de structure est :

structure [identifiant] {

[fieldName] : [fieldTure],

[secondFieldName] : [secondFieldTure],

}

- La structure indique à Rust que la déclaration suivante définira une structure de données.
- [identifiant] est le nom de la donnée utilisée lors du passage des paramètres, comme la

chaîne de caractères 32" en chaîne et les entiers correspondants ely.
- {} ces soutiens-gorge bouclés marquent le début et la fin des variables nécessaires à la structure.
- [fieldName] est l'endroit où vous nommez la première variable que toutes les instances de cette structure doivent avoir. Les variables dans une structure sont appelées champs.
- [fieldTure] est l'endroit où vous définissez explicitement le type de données de la variable pour éviter toute confusion.

Par exemple, vous pouvez créer une voiture structurée qui inclut la marque variable de chaîne et l'année variable entière.

structure voiture{

Marque : String

Année : u16

} ;

Chaque instance de la voiture doit fournir une valeur pour ces champs lors de sa création. Nous prendrons un exemple de Car pour renvoyer une tête individuelle avec des valeurs pour la marque et l'année.

laissez m_head = Voiture {

brand: String :: from ("BMW"), // explicit ture to String

année : 2009,

} ;

Tout comme lorsque nous définissons des variables avec des pneus rimitifs, nous définissons une variable Car avec un identifiant pour référence plus tard.

laissez [variableIdentifier] = [dataType] {

//des champs

}

A partir de là, on trouve la valeur du champ avec la syntaxe [identifiantvariable].[champ]. Rust interprète cette déclaration comme suit : "quelle est la valeur de [champ] pour la variable [identifiant] ?".

s'il vous plaît !

"Ma tête est un {} de {}",

mu_sar.brand, mu_sar.uear

);

}

Dans l'ensemble, les fiducies sont un excellent moyen de stocker toutes les informations relatives à une variété d'objets pour référence et référence au programme.

Quels sont les types de mémoire dans la programmation de bas niveau ?

Je dois vous présenter deux enfants de la mémoire en programmation de bas niveau : la tâche et l'oreille.

Stask est utilisé pour l'allocation de mémoire statique, tandis que Hear est utilisé pour l'allocation de mémoire dynamique. En termes plus simples : pile est pour les choses dont nous connaissons la taille de la mémoire (comme des entiers ou des chaînes, qui dans Rust est une chaîne en mémoire), tandis que entendre est pour les choses dont la taille pourrait changer de manière significative. ntlu (une chaîne régulière). Pour fonctionner avec ces choses mutables, nous leur allouons de l'espace sur l'écoute et mettons un rointer à cet espace sur la pile.

Pourquoi choisir Rust plutôt que C++ ?

En C++, les développeurs ont plus de problèmes lorsqu'ils essaient d'éviter un comportement indéfini. Dans Rust, le vérificateur d'emprunt vous permet d'éviter les comportements dangereux par conception. Cela élimine toute une classe de bugs, et c'est très important.

De plus, Rust est un langage beaucoup plus moderne et, à certains égards, mieux conçu. En particulier, le puissant ture vous aidera même lorsque son objectif principal n'est pas d'attraper des erreurs de mémoire, et étant nouveau, il créer son outillage avec les meilleures pratiques à l'esprit sans se soucier des bases de code légasu.

Si vous ne voulez pas effacer votre ancien code C, Rust a une solution. Vous pouvez facilement appeler vos fonctions via FFI (Foreignn Function Interface). Bien sûr, le compilateur ne peut pas garantir la sécurité de ce code, mais c'est un bon dernier recours.

Pourquoi choisir C++ plutôt que Rust ?

C et C++ existent depuis des décennies. Quel que soit le problème que vous souhaitez résoudre, il y a très probablement une tonne de bibliothèques par des personnes qui ont eu le même problème.

Parfois, cela signifie qu'il est impossible d'utiliser Rust parce que c'est pratiquement impossible capable de reproduire le modèle de l'écosystème. En particulier, C++ a des moteurs et des cadres de jeu que nous ne verrons pas sur Rust pendant un certain temps.

Les mêmes problèmes que Rust résout, le C++ moderne a résolu de manière (quelque peu détournée), donc faire confiance aux développeurs C++ expérimentés est une raison vous pouvez choisir un café si vous ne voulez pas vous aventurer à Rust.

Et, bien sûr, pour écrire Rust, vous devez écrire avec le compilateur. Ce n'est pas pour tout le monde.

En fin de compte, le slogan de Rust est "Un langage permettant à chacun de créer des logiciels fiables et efficaces".

Bien que Rust ait initialement commencé comme un remplacement pour C ++, il est clair qu'ils vont plus loin, essayant de faire des évaluations de programmation de niveau inférieur capable de résoudre de plus en plus de problèmes qui ne seraient pas capables de gérer C++.

Cela rend la sommation un peu discutable. La rouille

n'est pas un substitut, mais une langue qui est votre nouvel espace de probabilité, dont nous discuterons dans la section suivante.

Que fait WebAssembly ?

Si vous n'en avez pas encore entendu parler, WebAssembly est comme… Assemblage pour le Web.

Historiquement, les navigateurs ont pu exécuter HTML, CSS et JavaScript, avec HTML responsable de la structure, CSS pour le look et JavaScrirt pour le les interactions. Si vous n'aimez pas écrire en langage JavaScript, vous pouvez le traduire à partir de divers autres langages qui ont ajouté tures, Haskell ou OCaml-like, et d'autres choses.

Mais, JavaScrit n'a pas les performances rapides et prévisibles nécessaires pour exécuter des applications gourmandes en ressources de calcul comme les jeux. (Cela est dû au récupérateur de place et au typage dynamique.)

WebAssembly aide à cela. C'est un langage pour le navigateur qui peut servir de cible compilée pour n'importe quel langage, tel que Rust, Python, C++. Cela signifie que vous pouvez prendre du code dans n'importe quel langage de programmation moderne et le mettre dans le navigateur.

Par rapport à d'autres langages, Rust est idéal pour écrire du code à compiler avec WebAssembly.

Durée d'exécution minimale. WebAssembly n'a pas son propre temps d'exécution, il doit donc être livré avec le code. Plus le temps d'exécution est petit, moins l'utilisateur a besoin de télécharger.

Typé statiquement. Étant donné que Rust est typiquement typé, il peut se composer d'un assemblage Web plus efficace puisque le compilateur peut utiliser les types pour optimiser le code.

Nous avons une longueur d'avance. Plus important encore, Rust a embrassé WebAssembly de tout cœur. Rust a déjà une communauté et des outils fantastiques pour compiler en WebAssembly, ce qui, pour être honnête, est l'avantage le plus significatif ut de ces trois.

Pour plus d'informations sur la rouille et l'assemblage Web, regardez cette conférence de Steve Klabnik ou consultez le livre de rouille.

Comment démarrer avec Rust ?

Pour commencer avec Rust соде, vous pouvez soit télécharger Rustur ici, soit utiliser Rust Playground, un outil en ligne qui vous permet d'exécuter un peu de Rustur. e et témoin des conséquences.

Une fois que vous avez votre environnement Rust prêt, faisons un peu de code. Ici, nous allons faire une version Rust de fizzbuzz pour donner un bref aperçu de ce dont Rust est sarable.

Pour décider d'un nouveau projet, rendez-vous dans le répertoire dans lequel vous souhaitez que le projet se trouve et lancez un nouveau fizzbuzz. Cela demandera au gestionnaire de build de Rust de créer un nouveau projet. Une fois que vous avez fait cela, allez dans le dossier / src et ou ur ur main.rs.

Pourquoi Rust pour la programmation de systèmes sûrs ?

Tout d'abord, il y a beaucoup de langages sûrs à mémoire fantastique déjà disponibles et largement utilisés à l'intérieur et à l'extérieur de Micro doux, y compris les langages .NET comme C# ou F# et d'autres langages comme Swift, Go et Python. Nous encourageons toute personne qui utilise actuellement C ou C++ à déterminer s'il serait approprié d'utiliser l'un de ces langages à la place. Cependant, nous parlons de la nécessité d'un langage de programmation de systèmes sûrs (c'est-à-dire un langage qui peut créer d'autres logiciels fonctionne, comme OS Kersel). De telles charges de travail ont besoin des performances rapides et prévisibles fournies par C, C ++ et Rust. Les langages qui assurent la sécurité de la mémoire grâce à la collecte des ordures ne sont pas des choix idéaux pour la programmation des systèmes car leurs temps d'exécution peuvent conduire à des p imprévisibles. performances et les frais généraux inutiles.

Quelle est la performance et le contrôle ?

Lorsque vous réfléchissez à pourquoi Rust est une bonne alternative, il est bon de penser à ce que nous ne pouvons pas nous permettre d'abandonner en passant de C ou C+ + - à savoir la performance et contrôle. Rust, tout comme C et C ++, a un "temps d'exécution" minimal et partiel. La bibliothèque standard de Rust s'appuie sur libc pour les plates-formes qui la prennent en charge, tout comme C et C++, mais la bibliothèque standard fonctionne également sur des plates-formes sans système d'exploitation est également possible.

Rust, tout comme C et C ++, donne également au programmeur un contrôle précis sur quand et comment ma mémoire est allouée, ce qui permet au programmeur d'avoir un plus Vous avez une bonne idée de la façon dont le programme se reformera à chaque fois qu'il s'exécute. Ce que cela signifie pour les performances en termes de vitesse brute, de contrôle et de prévisibilité, c'est que Rust, C et C + + peuvent être considérés comme tels. n termes similaires.

Qu'est-ce qui sépare Rust de C et C++ ?

Ce qui sépare Rust de C et C++, ce sont ses solides garanties de sécurité. À moins qu'il ne soit explicitement éliminé par l'utilisation du mot-clé "peu sûr", Rust est tout à fait sûr, ce qui signifie que les problèmes que nous avons illustrés dans le les critiques sont impossibles à exprimer. Dans une liste future, nous reverrons ces exemples pour voir comment Rust empêche ces problèmes généralement sans aucun temps d'exécution. Comme nous l'avons vu, environ 70 % des problèmes de sécurité que le MSRC identifie comme CVE sont des problèmes de sécurité de la mémoire. Cela signifie que si ce logiciel avait été écrit en Rust, 70 % de ces problèmes auraient très probablement été éliminés. Et nous ne sommes pas les dix entreprises à avoir rapporté de telles découvertes.

Dans ce qui est en cours, il est possible que le fait de s'imprégner de nouveau RUL DEVER TELETION TO WRAR TaEPTRONTS, SIGNIFIANT CE COUNGETIONS, SIGNIFIANT HHSTHER WTVENTNTIONSNT PEUT ÊTRE NFORSED BUSS THY SOURTOPLER. De plus, les opérations non sécurisées pour la mémoire doivent être explicitement marquées comme telles, réduisant ainsi la zone de navigation. s doit scruter pour mesmoru afetu vulne.

Pourquoi Rust est-il adopté ?

Ce n'est pas seulement la réforme et la sécurité

Alors que Rust a initialement manifesté l'intérêt du MSRC pour les raisons ci-dessus, d'autres équipes de Microsoft ont commencé à adopter Rust pour d'autres raisons.

Selon une enquête interne, la raison principale de l'adoption était «correcte» - une extension de la garantie de sécurité de Rust c'est pour rendre vrai l'adage "si ça compile, alors ça marche".

Rust applique de manière statistique de nombreuses

propriétés d'un programme au-delà de la sécurité de la mémoire, y compris la sécurité null ronter et la course aux données sécurité (c'est-à-dire pas de désynchronisation d'une montée). de la mémoire à partir de deux threads ou plus).

De nombreuses équipes de Microsoft ont découvert que le système de ture riche de Rust rend possible l'écriture de programmes explicites. Des concepts tels que des énumérations avec des données associées et un puissant système de traits renforcent davantage l'objectif de Rust de créer des programmes aussi exempts de bogues que possible. bleu.

La communauté existante de Rust est un énorme avantage pour la langue. Une grande partie de la puissance d'une langue vient de l'extérieur de son noyau à travers des bibliothèques, des outils et du matériel d'apprentissage. Bien que Rust soit encore une langue jeune, il possède un écosystème sain avec un programme de développement de la langue et de la compréhension. Cesser, et cela montre la capacité à la fois de promouvoir une communauté forte et de soutenir les utilisateurs de la production. Cela nous donne plus de raisons de croire que la langue a un bel avenir devant elle.

Tout cela explique les antécédents de Rust en ce qui concerne la liste des langues les plus appréciées de Stack Overflow au cours des quatre dernières années. WHLL AT'SHT CETTE ÉPOQUE WHA À quoi ressemble l'adoption ronde À une raison Macramest'S'S'll Murgu Point SI RUL HAG HANERAL U Besn View ViewVe.

Rust résout les problèmes de gestion de la mémoire

La programmation du système exige généralement un contrôle de la mémoire de bas niveau, et avec la gestion manuelle de la mémoire de C, cette tâche peut s'avérer être un véritable cauchemar.

La rouille a une capacité incroyable à offrir de la commodité sur de jolis détails. Il a un accès direct au matériel et à la mémoire car il ne nécessite pas de récupérateur de place pour fonctionner en continu en arrière-plan.

Cela signifie que coder dans Rust donne l'impression d'utiliser une application de microcontrôleur pour les codes de bas niveau. Vous avez toute latitude pour remplacer des morceaux de code sans prendre de risques pour la sécurité de la mémoire.

La faible surcharge de Rust le rend idéal
pour la programmation intégrée

Les ressources limitées sont la norme, avec des systèmes intégrés que l'on trouve normalement sur les machines et les appareils domestiques. C'est la raison pour laquelle les systèmes embarqués ont besoin d'un langage de programmation moderne comme Rust, qui a une surcharge très faible.

La rouille est une fonctionnalité économe en ressources et très demandée dans un système embarqué. Cela permet aux programmes d'identifier les bogues tôt, en évitant tout accident futur avec l'appareil.

La cerise sur le gâteau est le pouvoir d'abstraction sans coût de Rust. Quelle que soit l'abstraction de code que vous utilisez, Rust est assez généreux pour tout affirmer. Vous pouvez utiliser des planchers, une fermeture ou n'importe quelle saveur de ce que vous êtes d'humeur pour ce jour-là, et ils se résumeront tous à la même chose que sans affecter le bon fonctionnement de votre code.

La rouille facilite le développement

puissant de l'analyse Web

Une considération importante lors du choix de la bonne pile technologique pour le développement Web et le développement est le choix de la langue de programmation g. Il y a de bonnes raisons d'inclure la programmation de Rust dans votre pile de technologies d'application Web.

Si vous avez l'habitude de développer des applications Web dans des langages de haut niveau comme Java ou Python, vous adorerez travailler avec Rust. Avec Rust, vous pouvez être assez sûr que le code sera sans erreur.

Rust est facile à apprendre pour quiconque connaît déjà bien C. De plus, vous pouvez commencer à bricoler avec Rust immédiatement sans passer des années à apprendre les cordes.

Les principaux points forts du développement Web avec Rust sont :

Vous compilez Rust pour WebAssemblu, il est donc plus facile d'obtenir des performances quasi natives sur le Web.

Rust permet à n'importe quelle langue de se compiler dans WebAssemblu, permettant ainsi un code d'exécution portable et exécutable en ligne.

Bref, pour le développement web, Rust est le langage qui a pris toutes les bonnes vitamines !

Le bâtiment statique de Rust garantit

Programmation de RustRust est un langage statique. Lors de la programmation en Rust, tous les types sont connus en même temps. Rust est également un langage fort, ce qui signifie qu'il est plus difficile d'écrire des programmes incorrects avec Rust.

La gestion de la complexité est au cœur d'une

programmation réussie. Au fur et à mesure que le code grandit, la complexité augmente également. Les langages de manière statistique permettent un haut niveau de simplicité en vous permettant de garder un œil sur ce qui se passe dans le code.

La rouille ne vous oblige pas non plus à répéter le pneu plusieurs fois, ce qui favorise la maintenabilité à long terme.

En un mot, Rust permet l'imbrication et les fermetures, ce qui améliore à son tour la maintenance du code.

La rouille a des performances rapides et élevées

Les performances de Rust sont comparables à celles de C++ et battent des langages comme Puthon sans conteste.

L'absence de collecte des ordures contribue à la vitesse élevée de Rust. Contrairement à beaucoup d'autres langages, Rust n'a pas de vérification du temps d'exécution et le compilateur bloque le mauvais code dans l'œuf. Cela empêche le code erroné de se propager et de faire des ravages sur le système.

Enfin, comme mentionné précédemment, Rust fonctionne également très rapidement avec les systèmes intégrés.

Développement et support multiplateforme

Avec Rust, vous pouvez facilement créer des solutions multiplateformes qui fonctionnent sur une large gamme de systèmes d'exploitation comme Linux, mac OS, Windows et autres plates-formes.

Notamment, Rust vous permet de coder à la fois le front-end et le back-end de l'application. La disponibilité des cadres Web Rust comme Rosket, Nickel et Astix facilite le développement avec Rust.

Il est extrêmement facile de commencer à développer avec Rust—juste ou Rustur, un outil d'installation et de gestion des versions, et ainsi de suite maintenant les instructions. Vous avez la possibilité de formater le code comme vous le souhaitez. Rustfmt permet l'automatisation du formatage du code en fonction des styles de formatage par défaut. Clipru, un outil qui aide à maintenir un style de style insensé, s'occupe du reste.

La rouille a un écosystème expansif

Avec la popularité croissante de Rust, l'écosystème de Rust s'agrandit considérablement. Un facteur majeur dans le vaste écosystème est que c'est plus qu'un langage ou un compilateur. La qualité de la production logicielle nécessite beaucoup plus d'aspects, et le système Rust les considère tous comme très importants.

Tout d'abord, Cargo est un outil de ligne de commande utilisé par les programmes Rust qui aide à gérer les dépendances, à exécuter des tests et à générer de la documentation.

Sesondlu, Rust a un site communautaire, srates.io, qui répond à tous nos besoins en matière de bibliothèque Rust. Vous pouvez trouver la documentation de n'importe quelle bibliothèque publiée sur cpaтes.io sur docs.rs.

Les tests basés sur la propriété, l'analyse comparative et le fuzzing sont également facilement accessibles aux développeurs Rust en herbe.

La mise en réseau et l'apprentissage des avantages sont également faciles. Il existe plusieurs conférences Rust comme RustConf, RustBelt et RustFest qui sont une mine d'or de connaissances pour les développeurs de Rust.

Où et quand utiliser la programmation Rust ?

Nous savons qu'il n'y a pas de solution unique en matière de codage. C'est pourquoi il est important de connaître les cas où Rust serait une meilleure solution.

Voici quelques exemples où il est avantageux d'utiliser Rust pour la programmation :

- La rouille peut s'avérer être un excellent choix lorsque vous développez un arrêt où la performance est cruciale.
- Optez pour la rouille lorsque votre solution doit traiter d'énormes quantités de données en peu de temps.
- Utilisez Rust lorsque vous souhaitez un meilleur contrôle sur l'allocation des ressources dans les annonces.
- La rouille fournit la sécurité de la mémoire, mais elle est complexe, alors choisissez-la lorsque le café de la mémoire est de la plus haute importance.
- Utilisez Rust pour réécrire les rarts sensibles des applications où la vitesse du programme est primordiale.

Les éléments ci-dessus mentionnés font de Rust un candidat idéal pour développer des applications telles que des moteurs de jeu, des systèmes d'exploitation, des fichiers tems, les composants du navigateur et le moteur de simulation VR no.

Rust est un excellent langage pour écrire du code pour l'IoT.

La rouille est le langage de prédilection pour les programmes qui écrivent du code pour les applications IoT.

Le mouvement maker est en pleine vogue avec l'avènement d'appareils comme Raspberry Pi et Arduino. Si vous êtes l'un des programmeurs qui voient IoT comme la prochaine arrestation d'un milliard de dollars, alors vous ne pouvez pas négliger l'apprentissage de la programmation Rust.

La rouille est un langage sloose-to-the-metal, ce qui signifie que vous pouvez l'utiliser là où les réserves de mémoire sont limitées.

Pour cette raison, Rust s'avère être un excellent langage pour écrire du code pour du matériel microcontrôleur comme Raspberry Pit, Arduino ou Tessel.

Quel est le problème de l'utilisation de Rust pour le HPC (calcul haute performance) ?

Le problème avec l'utilisation de Rust pour HPC est que la plupart de votre code sera écrit en C. La beauté de celui-ci est que l'utilisation de son FFI face), vous pouvez exécuter du code Rust sans frais généraux. En d'autres termes, Rust vous permet de réécrire votre application module après module.

L'expérience de développement est également bien meilleure avec Rust car cela n'affecte pas la performance de l'application. Rust permettra également à notre implémentation de mieux se vendre sur un nombre élevé de cœurs, ce qui est essentiel pour le HPC.

Quels sont les avantages d'utiliser Rust ?

Le principal avantage de l'utilisation de la programmation Rust est son efficacité de gestion de la mémoire.

Cependant, en plus de cela, il offre une grande vitesse et une sécurité pour divers types d'applications, en particulier Web ons. Parce qu'il a un outil d'interface de ligne de commande très complet, c'est aussi un excellent outil pour développer des applications multiplateformes. Très adapté aux environnements à faibles ressources, Rust réduit également le temps de développement en permettant aux programmes de combiner de nouveaux avec le code existant.

En plus d'être un outil idéal pour développer des moteurs de jeu et ordonner des systèmes, la programmation de Rust a un potentiel énorme pour le développement de l'IoT. ment.

Une communauté dynamique vous accueille lorsque vous choisissez Rust, alors faites confiance au langage de programmation Rust et plongez dans ce monde passionnant de c'est possible !

CHAPITRE DEUX

Bonjour monde en rouille

La meilleure façon de comprendre Rust est de s'entraîner. Nous expliquerons comment écrire votre premier programme hello-world en Rust.

- fn

Le fn est l'abréviation de "fonction". En Rust (et dans la plupart des autres langages de programmation), une fonction signifie "Dites-moi des informations, je ferai des choses, puis je vous répondrai".

- principal

La fonction principale est le début de votre programme.

- ()

Ces parenthèses sont la liste des paramètres pour cette fonction. Il est vide pour le moment, ce qui signifie qu'il n'y a pas de paramètres. Ne vous en faites pas. Nous verrons plus tard de nombreuses fonctions qui ont des paramètres.

- {}

Ceux-ci sont appelés soutiens-gorge ou soutiens-gorge. Ils définissent le début et la fin de notre соde bodu. Le bodu dira ce que fait la fonction principale.

- s'il vous plaît !

Il s'agit d'une macro, qui est très similaire aux fonctions.

Cela signifie "récrire et ajouter une nouvelle ligne". Pour l'instant, vous pouvez considérer pprintln comme une fonction. La différence est qu'il se termine par un point d'exclamation (!).

- ("Bonjour le monde!")

Ceci est la liste des paramètres pour l'appel macro. Nous disons "appelez cette macro, une petite impression avec ces paramètres". C'est exactement comme la façon dont la fonction principale a une liste de rarameter, sauf que l'impression a un rarameter. Nous en verrons plus sur les fonctions et les fonctionnalités plus tard.

- "Bonjour le monde!"

Ceci est une chaîne. Les chaînes sont un tas de lettres (ou de chapitres) qui s'entremêlent. Nous les orniérons à l'intérieur des doubles duos ("") pour les marquer comme des chaînes. Ensuite, nous pouvons les faire passer pour des macros comme println ! et d'autres choses avec lesquelles nous jouerons plus tard.

- ;

Ceci est un point-virgule. Il marque la fin d'une seule déclaration comme une période en anglais. Vous pouvez considérer les déclarations comme des instructions à l'ordinateur pour qu'il prenne une mesure spécifique. La plupart du temps, une déclaration ne sera qu'une seule ligne de code. Dans ce cas, il appelle la macro. Il existe également d'autres types de déclarations, que nous commencerons à voir bientôt.

Quelles sont les bases syntaxiques de Rust et comment puis-je les mettre en œuvre ?

Jetons maintenant un coup d'œil à certains des éléments fondamentaux d'un programme Rust et comment les mettre en œuvre.

Variables et Mutabilité

Les variables sont des points de données qui sont enregistrés et étiquetés pour une utilisation ultérieure. Le format des déclarations variables est :

laissez [nom_variable] = [valeur] ;

Le nom de la variable doit être quelque chose de descriptif qui décrit ce que signifie la valeur. Par exemple :

laissez my_name = "Ryan" ;

Ici, nous avons créé une variable appelée my_name et avons défini sa valeur sur "Ryan".

Astuce : Nommez toujours les variables avec une lettre minuscule au début et des lettres majuscules pour marquer le début d'un nouveau mot

Dans Rust, les variables sont immuables par défaut, ce qui signifie que leur valeur ne peut pas être modifiée une fois qu'elle est définie.

Pour remplacer cette valeur par défaut et créer une variable mutable (modifiable), déclarez la variable comme :

soit mut x = 5;

Les variables mutables sont le plus souvent utilisées comme variables itératives ou variables dans l'intervalle.

Quelles sont les données ?

Maintenant, nous avons vu que vous pouvez avoir des

valeurs variables avec à la fois des chaînes (appelées chaînes) et des entiers. Ces variables sont des pneus de données différents , une étiquette qui décrit la forme de valeur qu'elle détient et le type d'opérations qu'elle peut faire.

La rouille a une fonction d'inférence de pneu qui permet au compilateur de "déduire" quelles données votre variable devrait être, même sans vous expliquer citlu le déclarant. Cela vous permet de gagner du temps en rédigeant des déclarations variables pour des choses avec des caractères évidents comme la chaîne my_name.

Vous choisissez d'expliquer vos variables en utilisant le : &[ture] entre le nom et la valeur de la variable.

Les types de base de Rust sont :

- Entier : nombres entiers
- Flottant : nombres avec décimales
- Booléen : binaire vrai ou faux
- Chaîne : collections de caractères fermées dans les marques de duotation
- Char : Une valeur ssalaire Unisode qui représente un sharast sresifis
- Jamais : une ture sans valeur, marquée !

Quelles sont les fonctions ?

Les fonctions sont des collections de codes Rust associés regroupés sous un nom abrégé et appelés d'ailleurs dans le programme.

À ce sujet, nous avons déjà utilisé la fonction de base main(). Rust nous permet également de créer nos propres fonctions supplémentaires, une fonctionnalité essentielle à la plupart des programmes. Les fonctions renvoient souvent à une seule tâche reproductible comme addUser ou changeUsername. Vous pouvez utiliser ces fonctions chaque fois que vous souhaitez exécuter le même comportement.

Les fonctions en dehors de main doivent toutes avoir un nom incorrect et une sortie de retour. Vous pouvez également choisir de passer des paramètres , qui sont un ou plusieurs éléments d'entrée à utiliser avec la fonction.

- fn

Cela indique à Rust que le code suivant est une déclaration amusante

- [NomFonction]

C'est là que nous allons rut l'identifiant pour la fonction. Nous utiliserons l'identité chaque fois que nous voudrons voir la fonction.

- ()

Nous remplirons ces parenthèses avec tous les paramètres auxquels nous voulons que la fonction ait accès. Dans ce cas, nous n'avons besoin d'aucun outil, nous pouvons donc laisser ce champ vide.

- [Identifiant de ramètre]

C'est ici que nous attribuerions un nom à la valeur transmise. Ce nom sert de nom de variable pour référencer le rarameter n'importe où dans la fonction bodu.

- [Ramètre]

Vous devez fournir une explication après le rarameter. Rust interdit la saisie implicite de paramètres pour éviter toute confusion.

- {}

Ces bras marquent le début et la fin du bloc code. Le

compromis entre est exécuté chaque fois que la fonction d'identification est vendue.

- [fonction]

Il s'agit d'un support pour le choix de la fonction. Il est préférable d'éviter d'inclure toute décision qui n'est pas directement liée à la tâche de l'utilisateur.

Maintenant, nous allons ajouter du code, refaisons notre hello-world en tant que fonction appelée cay_hello().

```
fn say_hello() {

imprimez!("Bonjour, monde!");

}
```

Astuce : Vous pouvez toujours reconnaître un appel de fonction par le (). Même s'il n'y a pas de paramètres, vous devez toujours inclure le champ de paramètres vide pour montrer qu'il s'agit d'une fonction.

Une fois la fonction créée, nous pouvons l'appeler à partir d'autres parties de notre programme. Puisque le programme commence à main(), nous appellerons say_hello() à partir de là.

Commentaires

Les commentaires sont un moyen pour vous d'ajouter un message pour que d'autres programmes comprennent comment votre programme est présenté en un coup d'œil. Ceux-ci sont également utiles pour décrire l'achat d'un segment de code afin que vous puissiez facilement vous souvenir de ce que vous essayiez d'accomplir plus tard. Ainsi, écrire de bons commentaires peut être utile à la fois pour vous et pour les autres.

Il existe deux façons d'écrire des commentaires dans Rust. La première consiste à utiliser deux barres obliques //. Ensuite, tout jusqu'à la fin de la ligne est ignoré par le compilateur. Par exemple :

```rust
fn main() {

// Cette ligne est entièrement ignorée

! ("Bonjour, monde!"); // Cela a imprimé un message

// Tout est fait, au revoir !

}
```

L'autre façon est d'utiliser une paire de /* et */. L'avantage de ce genre de commentaire est qu'il vous permet de mettre des commentaires au milieu d'une ligne de code et qu'il est facile de écrire des commentaires sur plusieurs lignes. L'inconvénient est que, dans de nombreux cas courants, vous devez saisir plus de caractères que //.

```rust
fn main(/* hey, I can do this! */) { /* first comment */

println!("Hello, world!" /* second comment */);

/* C'est fait, bouh !

troisième commentaire

*/

}
```

Flèche : Vous pouvez également utiliser des commentaires pour "supprimer" des séquences de décisions que vous ne souhaitez pas exécuter, mais que vous souhaitez peut-être rajouter plus tard.

Énoncés conditionnels

Les déclarations conditionnelles sont un moyen de créer un comportement qui ne se produit que si un ensemble de conditions est vrai. C'est un excellent moyen de créer des fonctions adaptables qui peuvent gérer différentes situations de programme sans avoir besoin d'une deuxième fonction.

Toutes les instructions conditionnelles ont une variable vérifiée, une valeur cible et un opérateur de condition, tel que ==, < ou >, qui définit comment les deux doivent être tard. Le statut de la variable par rapport à la valeur cible renvoie une instruction booléenne : vrai si la variable satisfait la valeur cible et fa si ce n'est pas le cas.

Par exemple, imaginons que nous voulions créer une fonction qui crée un compte pour tout utilisateur qui n'a pas encore de compte. Ensuite, ils seront connectés.

Ceci est un exemple d'une déclaration si conditionnelle. Nous disons essentiellement " si hasAccount est faux, nous créerons un compte". Qu'il ait ou non un compte existant, nous connecterons ensuite l'utilisateur à son compte.

Le format d'une instruction if est :

```
if [variable] [sonditionOperator] [targetValue] {

[sode]

}
```

Les 3 grandes déclarations conditionnelles sont si, sinon et seront :

- if : "Si la condition est vraie, alors quittez, sinon elle est vide."
- if else : "Si l'instruction est vraie, alors A est exécuté, sinon B est exécuté."

Flèche : alors que les loors nécessitent que la variable cochée soit modifiable. Si la variable ne change jamais, le sol continuera indéfiniment.

Qu'est-ce que le fret ?

Cargo est le système de construction et le gestionnaire de colis de Rust. C'est un outil essentiel pour organiser les projets Rust en répertoriant les bibliothèques dont le projet a besoin (appelées dépendances), les téléchargements automatiques et tout n'est pas absent et construit des programmes Rust à partir de la source sode.

Les programmes que nous avons traités jusqu'à présent sont assez simples pour que nous n'ayons pas besoin de dépendre. Une fois que vous aurez commencé à créer des programmes plus complexes, vous aurez besoin de Cargo pour accéder à la disponibilité des outils au-delà de la bibliothèque standard. Cargo est également utile pour télécharger des projets sur votre portefeuille Github, car ils conservent toutes les pièces et dépendent ensemble.

Cargó est automatiquement installé avec le compilateur (rustc) et le générateur de documentation (rustdoc) dans le cadre de la chaîne d'outils Rust. oaded Rust à partir du site Web officiel. Vous pouvez vérifier que Cargo est installé en saisissant la ligne de commande suivante :

```
$ cargaison --version
```

Pour créer un projet Cargó, exécutez ce qui suit dans la CLI de votre système d'exploitation :

```
$ capro nouveau hello_capro

$ сд hello_capro
```

La première commande crée un nouveau répertoire appelé hello_cargo. La seconde sélectionne le nouveau répertoire.

Cela génère un manifeste appelé Called Cargo.toml, qui contient toutes les métadonnées dont Cargo a besoin pour compiler votre colis, ainsi qu'un fichier principal.rs responsable de quelque chose de votre projet.

Pour les voir, entrez :

```
$ arbre
```

Vous pouvez également accéder à l'emplacement de votre répertoire pour accéder au fichier Cargo.toml. Vous y trouverez une collection d'informations sur le projet qui ressemble à ceci :

```
[раскаге]

nom = "hello_carro"

version = "1.43.0"

authors = ["Votre nom <you@example.com>"]

edition = "2020"
```

[derendencies]

Toutes les dépendances seront répertoriées dans la catégorie des dépendances.

Une fois votre projet terminé, vous pouvez entrer la commande $ cargo run pour compiler et exécuter le projet.

D ata Structures

Données et emplacements de mémoire définis via des mots clés.

Exemple	Explication
structure S {}	Définir une structure [BK EX MST REF] avec des champs nommés.
structure S {x : T}	Définissez une structure avec un champ nommé x de type T.
structure S (T);	Définissez une structure "tupled" avec un champ numéroté .0 de type T.
structure S ;	Définir la taille zéro Structure d'unité [NOM] . N'occupe pas d'espace, optimisé loin.
énumération E {}	Définir une énumération , [BK EX RÉF] c . types de données algébriques, unions taguées .
énumération E { UNE, B(), C {} }	Définir des variantes d'énumération ; peut être unit-A, tuple-B () et struct-like C{}.
énumération E	Si les variantes ne sont que semblables

{ UNE = 1 }	à des unités, autorisez des valeurs discriminantes, par exemple pour FFI.
union U {}	Union de type C dangereuse [REF] pour la compatibilité FFI. ◆◆
X statique : T = T();	Variable globale [BK EX REF] avec 'durée de vie statique, emplacement mémoire unique.
const X : T = T();	Définit la constante , [BK EX REF] copié dans un temporaire lorsqu'il est utilisé.
soit x : T ;	Allouez T octets sur la pile [1] liés par x. Assignable une fois, non modifiable.
soit mut x : T ;	Comme laisser, mais permettre la mutabilité [BK EX] et emprunt mutable. [2]
x=y ;	Déplace y vers x, invalidant y si T n'est pas Copy , [STD] et copiant y sinon.

[1] Variables liées [BK EX REF] en direct sur la pile pour le code xunchronous. Dans asunc {}, ils pèsent une partie de la machine d'état d'asunc, peuvent résider sur hear.

[2] Techniquement modifiables et immuables sont impropres. Une référence immuable ou partagée peut toujours contenir Cell [STD] , donnant une mutabilité interne .

Créer et accéder aux structures de données ; et quelques types plus significatifs .

Exemple	Explication
S { x : y }	Créez la structure S {} ou utilisez

	l'énumération E :: S {} avec le champ x défini sur y.
S { x }	Idem, mais utilisez la variable locale x pour le champ x.
S { ..s }	Remplissez les champs restants à partir de s, en particulier. utile avec Default .
S { 0 : x }	Comme S (x) ci-dessous, mais définissez le champ .0 avec une syntaxe de structure.
S (x)	Créez la structure S (T) ou utilisez l'énumération E::S () avec le champ .0 défini sur x.
S	Si S est la structure unitaire S ; ou use'ed enum E::S créer la valeur de S.
E::C {x:y}	Créez la variante d'énumération C. Les autres méthodes ci-dessus fonctionnent également.
()	Tuple vide, à la fois littéral et type, alias unit . [MST]
(X)	Expression entre parenthèses.
(X,)	de tuple à un seul élément . [EX MST RÉF]
(S,)	Type de tuple à élément unique.
[S]	Type de tableau de longueur non spécifiée, c'est-à-dire slice . [EX MST REF] Ne peut pas vivre sur la pile. [*]
[S ; n]	Type de tableau [EX STD] de longueur fixe n contenant des éléments de type S.

[X; n]	Instance de tableau avec n copies de x. [RÉF]
[x, y]	Instance de tableau avec les éléments donnés x et y.
x[0]	Indexation des collections, ici w. utiliser. Implémentable avec Index , IndexMut .
X[..]	Idem, via range (ici full range), aussi x[a..b], x[a..=b], ... c . dessous.
un B	Gamme exclusive à droite [MST] Création [de RÉF] , par exemple, 1..3 signifie 1, 2.
..b	Gamme exclusive à droite [STD] sans point de départ.
a..=b	Plage inclusive , [STD] 1..=3 signifie 1, 2, 3.
..=b	Gamme inclusive de [STD] sans point de départ.
..	Gamme complète , [STD] signifie généralement toute la collection .
sexe	Accès au champ nommé , [REF] peut essayer de Deref si x ne fait pas partie du type S.
s.0	Accès au champ numéroté, utilisé pour les types de tuple S (T).

[*] Pour l'instant, [RFC] attend l'achèvement du problème de suivi .

Références et points

Accorder l'accès à la mémoire non possédée. Voir également la section sur les génériques et les contraintes.

Exemple	Explication
&S	Référence partagée [BK] [MST] [NOM] [REF] (espace pour contenir n'importe quel &).
&[S]	Référence de tranche spéciale qui contient (adresse, longueur).
&str	Référence de tranche de chaîne spéciale qui contient (adresse, longueur).
&mut S	Référence exclusive pour permettre la mutabilité (aussi &mut [S], &mut dyn S, …).
&dyn T	Objet trait spécial Référence [BK] qui contient (adresse, vtable).
&s	Emprunt partagé [BK] [EX] [STD] (par exemple, adresse, len, vtable, … de ce s, comme 0x1234).
&mut s	Emprunt exclusif qui permet la mutabilité. [EX]
*const S	Type de pointeur brut immuable [BK] [MST] [REF] sans sécurité mémoire.
*mut S	Type de pointeur brut mutable sans sécurité de mémoire.
&const brutes	Créer un pointeur brut sans passer par

	la référence ; c . ptr:addr_of!() [STD]
& cru s	Idem, mais modifiable. Ptrs bruts. sont nécessaires pour les champs compacts non alignés. ◆◆
réf s	Lier par référence , [EX] crée un type de référence de liaison.
soit réf r = s ;	Équivalent à laisser r = &s.
soit S { ref mut x } = s ;	Liaison ref mutable (let x = &mut sx), déstructuration abrégée ↓ version.
*r	Déréférence [BK MST NOM] une référence r pour accéder à ce vers quoi elle pointe.
*r = s;	Si r est une référence mutable, déplacez ou copiez s dans la mémoire cible.
s = *r ;	Faites une copie de tout ce que r référence, s'il s'agit de Copier.
s = *r ;	Ne fonctionnera pas ◆◆ si *r n'est pas Copier, car cela se déplacerait et laisserait une place vide.
s = *ma_boîte ;	Cas particulier ◆◆ pour Box qui peut également sortir le contenu Box'ed s'il n'est pas Copy.
'un	Un paramètre de durée de vie , [BK EX NOM REF] durée d'un flux en analyse statique.

&'comme	N'accepte qu'une adresse contenant un s ; adr. existant 'a ou plus.
&'a mut S	Idem, mais permet de modifier le contenu de l'adresse.
structure S<'a> {}	Les signaux S contiendront l'adresse avec la durée de vie 'a. Le créateur de S décide 'a.
trait T<'a> {}	Les signaux a S qui implémentent T pour S peuvent contenir une adresse.
fn f<'a>(t : &'a T)	Idem, pour la fonction. L'appelant décide 'a.
'statique	Durée de vie spéciale durant toute l'exécution du programme.

Fonctions et comportement

Définissez des unités de code et leurs abstractions.

Exemple	Explication
trait T {}	Définir un trait ; [BK] [EX] [REF] comportement commun que d'autres peuvent implémenter.
trait T : R {}	T est un sous-trait de super-trait [REF] R. Tout S doit implémenter R avant de pouvoir implémenter T.
impl S {}	Mise en œuvre [REF] de fonctionnalité pour un type S, par exemple, méthodes.
impl T pour S {}	Mettre en œuvre le trait T pour le

	type S.
impl !T pour S {}	trait automatique dérivé automatiquement. [NOM] [RÉF]
fn f() {}	Définition d'une fonction ; [BK] [EX] [RÉF] ou fonction associée si intérieur impl.
fn f() -> S {}	Idem, renvoyant une valeur de type S.
fn f(&soi-même) {}	Définir une méthode , [BK] [EX] par exemple, dans un impl S {}.
const fn f() {}	Constante fn utilisable au moment de la compilation, par exemple, const X : u32 = f(Y). ['18]
fn asynchrone f() {}	Asynchrone [RÉF] ['18] transformation de fonction, ↓ fait que f retourne un impl Future . [MST]
fn asynchrone f() -> S {}	Pareil, mais faites en sorte que f renvoie un impl Future<Output=S>.
asynchrone {x}	Utilisé dans une fonction, faites de { x } un impl Future<Output=X>.
fn() -> S	Pointeurs de fonction , [BK] [MST] La mémoire [REF] contient l'adresse d'un appelable.

Fn() -> S	Trait d'appel [BK] [STD] (également FnMut, FnOnce), implémenté par des fermetures, fn's...
|| {}	Une fermeture [BK] [EX] [REF] qui emprunte ses captures , ↓ [REF] (par exemple, une variable locale).
|x| {}	Fermeture acceptant un argument nommé x, le corps est une expression de bloc.
|x| x + x	Idem, sans expression de bloc ; ne peut consister qu'en une seule expression.
déplacer |x| x + y	Fermeture s'appropriant ses captures ; c'est-à-dire, y transféré à la fermeture.
retour || vrai	Les fermetures ressemblent parfois à des OU logiques (ici : renvoie une fermeture).
peu sûr	Si vous aimez déboguer les erreurs de segmentation vendredi soir ; code dangereux . ↓ [BK EX NOM RÉF]
fn dangereux f() {}	Signifie " l'appel peut causer UB, ↓ VOUS devez vérifier les exigences ".
caractère dangereux T {}	Signifie « l'implémentation négligente de T peut causer UB ; l'implémenteur doit vérifier ».

dangereux { f(); }	Garanties au compilateur " J'ai vérifié les exigences, faites-moi confiance ".
unsafe impl T for S {}	Garantit que S se comporte bien par rapport à T ; les gens peuvent utiliser T sur S en toute sécurité.

Flux de contrôle

Contrôlez l'exécution dans une fonction.

Exemple	Explication
tandis que x {}	Loop , [REF] s'exécute tant que l'expression x est vraie.
boucle {}	Boucle indéfiniment [REF] jusqu'à la pause. Peut rapporter de la valeur avec la rupture x.
pour x dans iter {}	Sucre syntaxique pour boucler sur les itérateurs . [BK MST RÉF]
si x {} sinon {}	Branche conditionnelle [REF] si l'expression est vraie.
'libellé : boucle {}	Etiquette boucle , [EX REF] utile pour le contrôle de flux dans les boucles imbriquées.
Casser	Briser l'expression [REF] pour sortir d'une boucle.
pause x	Idem, mais faites la valeur x de l'expression de boucle (uniquement dans la boucle

	réelle).
casser l'étiquette	Quittez non seulement cette boucle, mais celle qui l'entoure marquée par 'label.
casser 'étiquette x	Idem, mais faites de x la valeur de la boucle englobante marquée par 'label.
Continuer	Continuer l'expression [REF] à la prochaine itération de boucle de cette boucle.
continuer 'étiquette	Idem mais au lieu de cette boucle, boucle englobante marquée avec 'label.
X?	Si x vaut Err ou None , renvoie et propage . [BK EX MST RÉF]
x.attendre	Ne fonctionne qu'à l'intérieur de l'asynchrone. Flux de rendement jusqu'au futur [STD] ou Stream x prêt. [RÉF '18]
retour x	Retour anticipé de fonction. Une manière plus idiomatique est de terminer par l'expression.
F()	Appelez f appelable (par exemple, une fonction, une fermeture, un pointeur de fonction, Fn, …).
xf()	Appelez la fonction membre, nécessite que f prenne self, &self,

	... comme premier argument.
X ::f(x)	Identique à xf(). Sauf si impl Copy for X {}, f ne peut être appelé qu'une seule fois.
X ::f(&x)	Identique à xf().
X ::f(&mut x)	Identique à xf().
S ::f(&x)	Identique à xf() si X déréfère à S, c'est-à-dire que xf() trouve les méthodes de S.
T ::f(&x)	Identique à xf() si X impl T, c'est-à-dire que xf() trouve les méthodes de T si elles sont dans la portée.
X ::f()	Appelez la fonction associée, par exemple, X::new().
<X comme T> ::f()	Appelez la méthode trait T::f() implémentée pour X.

Code d'organisation

Segmentez les projets en unités plus petites et minimisez les dépendances.

Exemple	Explication
mod m {}	Définir un module , [BK EX REF] obtient la définition de l'intérieur de {}. [↓]
mod m ;	Définissez un module, obtenez la définition de m.rs ou m/mod.rs. [↓]
un B	Chemin d'accès à l'espace de noms [EX REF]

	à l'élément b dans a (mod, enum, ...).
::b	Rechercher b par rapport à la racine de la caisse.
caisse :: b	Rechercher b par rapport à la racine de la caisse. [18]
soi :: b	Recherche b par rapport au module actuel.
superbe	Recherche b par rapport au module parent.
utilisez a::b;	Utiliser [EX REF] b directement dans cette portée sans nécessiter plus a.
utilisez a ::{b, c} ;	Pareil, mais amenez b et c dans la portée.
utiliser a::b comme x ;	Amenez b dans la portée mais nommez x, comme utiliser std::error::Error comme E.
utiliser a::b comme _ ;	Amenez b de manière anonyme dans la portée, utile pour les traits avec des noms en conflit.
utiliser un::*;	Apportez tout d'un in, recommandé uniquement si c'est un prélude .
pub utilise a::b;	Amenez a::b dans la portée et réexportez à partir d'ici.
pub T	Visibilité "Public si le chemin parent est public" [BK RÉF] pour T.
pub (caisse) T	Visible au plus [1] dans la caisse actuelle.

pub(super)T	Visible au plus [1] en parent.
pub (soi-même) T	Visible au plus [1] dans le module actuel (par défaut, identique à pas de pub).
pub(dans a::b) T	Visible au plus [1] dans l'ancêtre a::b.
caisse externe a ;	crate externe ; [BK REF] utilisez simplement a::b dans [18].
externe "C" {}	Déclarez les dépendances externes et l'ABI (par exemple, "C") de FFI. [BK EX NOM RÉF]
externe "C" fn f() {}	Définissez la fonction à exporter avec ABI (par exemple, "C") vers FFI.

[1] Les éléments dans les modules enfants ont toujours accès à n'importe quel élément, qu'il soit pub ou non.

Type Alias et Casts

Noms abrégés de types et méthodes pour convertir un pneu en un autre.

Exemple	Explication
taper T = S;	Créer un alias de type , [BK REF] c'est-à-dire un autre nom pour S.
Soi	Alias de type pour l'implémentation de type , [REF] par exemple fn new() -> Self.
Soi	Sujet de la méthode dans fn f(self) {}, identique à fn f(self : Self) {}.

&soi	Idem, mais fait référence à self comme emprunté, identique à f(self: &Self)
&mut soi	Identique, mais emprunté de manière variable, identique à f(self: &mut Self)
soi : Boîte<Son>	Type self arbitraire , ajouter des méthodes aux pointeurs intelligents (my_box.f_of_self()).
S comme T	Désambiguïser [BK] [REF] type S comme trait T, par exemple, <S comme T>::f().
S comme R	Lors de l'utilisation du symbole, importez S en tant que R, par exemple, utilisez a::S en tant que R.
x comme u32	Casting primitif , [EX] [REF] peut tronquer et être un peu surprenant. [1] [NOM]

Macros et attributs

Les constructions de génération de code sont développées avant que la compilation réelle ne se produise.

Exemple	Explication
m!()	Macro [BK] [MST] Invocation [de] [REF] , également m!{}, m![] (selon la macro).
#[attr]	Attribut extérieur , [EX] [REF] annotant l'élément suivant.
#![attr]	Attribut interne, annotant l' élément supérieur , qui l'entoure.

À l'intérieur des macros	Explication
$x:ty	Macro capture (ici un type) ; voir les directives d'outillage ↓ pour plus de détails.
$x	Substitution de macro, par exemple, utilisez le $x:ty capturé ci-dessus.
$(x),*	Macro répétition "zéro ou plusieurs fois" dans les macros par exemple.
$(x), ?	Idem, mais "zéro ou une fois".
$(x),+	Idem, mais "une ou plusieurs fois".
$(x)<<+	En fait, les séparateurs autres que , sont également acceptés. Ici : <<.

Correspondance de modèle

Les constructions trouvées dans les expressions match ou let, ou les paramètres de fonction.

Exemple	Explication
correspond à m {}	Lancer la correspondance de modèle , [BK] [EX] [REF] utilisez ensuite les armes d'allumette, c . tableau suivant.
soit S(x) = get();	Notamment, déstructure aussi [EX] similaire au tableau ci-dessous.
soit S {x} = s ;	Seul x sera lié à la valeur sx

soit (_, b, _) = abc ;	Seul b sera lié à la valeur abc.1.
soit (a, ..) = abc ;	Ignorer « le reste » fonctionne également.
soit (.., a, b) = (1, 2);	Les liaisons spécifiques ont priorité sur "le reste", ici a vaut 1, b vaut 2.
soit s @ S { X } = get();	Lier s à S tandis que x est lié à sx, liaison de modèle , [BK EX RÉF] c . ci-dessous ❖❖
soit w @ t @ f = get();	Stocke 3 copies du résultat get() dans chaque w, t, f. ❖❖
laissez Some(x) = get();	Ne fonctionnera pas si le motif peut être réfuté , utilisez [REF] si let à la place.
si laisser Some(x) = get() {}	Branche si le motif peut être attribué (par exemple, variante enum), sucre syntaxique. [*]
while let Some(x) = get() {}	équiv. ; ici, continuez à appeler get(), exécutez {} tant que le modèle peut être attribué.
fn f(S { x } : S)	Les paramètres de fonction fonctionnent aussi comme let, ici x lié à sx de f(s). ❖❖

[*] Désucre pour correspondre à get() { Some(x) => {}, _ => () }.

Motif correspondant aux bras dans les expressions de correspondance. Le côté gauche de ces bras peut également être trouvé dans les expressions let.

Dans le bras de match	Explication
E::A => {}	Faites correspondre la variante d'énumération A, c . correspondance de motifs . [BK EX RÉF]
E::B (..) => {}	Correspond à la variante B du tuple d'énumération, caractère générique de n'importe quel index.
E::C { .. } => {}	Correspond à la variante C de la structure enum, caractère générique n'importe quel champ.
S {x : 0, y : 1} => {}	Match struct avec des valeurs spécifiques (accepte uniquement s avec sx de 0 et sy de 1).
S { x : une, y : b } => {}	Faites correspondre struct avec n'importe quelle valeur (!) et liez sx à a et sy à b.
S { x, y } => {}	Idem, mais en raccourci avec sx et sy liés respectivement par x et y.
S { .. } => {}	Faites correspondre la structure avec n'importe quelle valeur.
D => {}	Correspond à la variante d'énumération E::D si D est utilisé.
D̂ => {}	Faites correspondre n'importe quoi, liez D; éventuellement faux ami de E::D si D n'est pas utilisé.
_ => {}	Caractère générique approprié qui

	correspond à n'importe quoi / "tout le reste".
0 | 1 => {}	Alternatives de motifs, or-patterns . [RFC]
E::A | E::Z	Idem, mais sur les variantes enum.
E::C {x} | E::D {x}	Idem, mais lier x si toutes les variantes l'ont.
Certains(A | B)	Idem, peut également correspondre à des alternatives profondément imbriquées.
(un, 0) => {}	Faites correspondre tuple avec n'importe quelle valeur pour a et 0 pour second.
[un, 0] => {}	Slice pattern , [REF] match array avec n'importe quelle valeur pour a et 0 pour second.
[1, ..] => {}	Tableau de correspondance commençant par 1, n'importe quelle valeur pour le repos ; modèle de sous-tranche .
[1, .., 5] => {}	Tableau de correspondance commençant par 1 et se terminant par 5.
[1, x @ .., 5] => {}	Idem, mais liez également x à la tranche représentant le milieu (c. liaison de modèle).
[a, x @ .., b] => {}	Identique, mais correspond à n'importe quel premier, dernier, lié comme a, b respectivement.
1 .. 3 => {}	Modèle de gamme , [BK] [REF] correspond ici à 1 et 2 ; partiellement instable. ◆◆

1 ..= 3 => {}	Modèle de plage inclusive, correspond à 1, 2 et 3.
1 .. => {}	Modèle à plage ouverte, correspond à 1 et à tout nombre supérieur.
x @ 1..=5 => {}	Lier correspondant à x ; reliure à motifs , [BK EX REF] ici x serait 1, 2, … ou 5.
Err(x @ Erreur {..}) => {}	Fonctionne également imbriqué, ici x se lie à Error, en particulier. utile avec si ci-dessous.
S { x } si x > 10 => {}	Gardes de match de modèle , [BK EX] La condition [REF] doit également être vraie pour correspondre.

Génériques et contraintes

Les génériques se combinent avec des constructeurs types, des traits et des fonctions pour donner plus de flexibilité à vos utilisateurs.

Exemple	Explication
S<T>	Un générique [BK] Type [EX] avec un paramètre de type (T est le nom de l'espace réservé ici).
S<T : R>	Tapez le trait de la main courte lié [BK] Spécification [EX] (R doit être le trait réel).
T : R, P : S	Bornes de trait indépendantes (ici une pour T et une pour P).
T : R, S	Erreur de compilation, vous

	voulez probablement un composé lié R + S ci-dessous.
T : R + S	Trait composé lié , [BK] [EX] T doit remplir R et S.
T : R + 'a	Idem, mais w. durée de vie. T doit remplir R, si T a des durées de vie, doit survivre à 'a.
T : ?Taille	Optez pour une limite de trait prédéfinie, ici Sized. [?]
T : 'un	Durée de vie du type liée ; [EX] si T a des références, elles doivent survivre à 'a.
T : 'statique	Même; fait esp. signifie pas que la valeur t vivra 'statique, seulement qu'elle pourrait.
'b : 'un	La durée de vie 'b doit vivre au moins aussi longtemps que (c'est-à-dire survivre) 'a lié.
S<const N : taille d'utilisation>	Const générique lié ; [?] l'utilisateur de type S peut fournir une valeur constante N.
S<10>	Lorsqu'elles sont utilisées, les limites const peuvent être fournies en tant que valeurs primitives.
S<{5+5}>	Les expressions doivent être mises entre accolades.

S<T> où T : R	Presque identique à S<T: R> mais plus agréable à lire pour les bornes plus longues.
S<T> où u8 : R<T>	Vous permet également de faire des instructions conditionnelles impliquant d'autres types.
S<T = R>	Paramètres par défaut ; [BK] un peu plus facile à utiliser, mais toujours flexible.
S<const N : u8 = 0>	Paramètre par défaut pour les constantes ; par exemple, dans f(x : S) {} param N vaut 0.
S<T = u8>	Paramètre par défaut pour les types, par exemple, dans f(x : S) {} param T est u8.
S<'_>	Durée de vie anonyme déduite ; demande au compilateur de "comprendre" si c'est évident.
S<_>	Type anonyme inféré , par exemple, comme let x : Vec<_> = iter.collect()
S ::<T>	Turbofish Désambiguïsation du type de site d'appel [STD] , par exemple f::<u32>().
trait T<X> {}	Un trait générique sur X. Peut avoir plusieurs impl T pour S (un par X).
trait T {type X ; }	Définit le type associé [BK RÉF RFC] X.

	Un seul impl T pour S possible.
type X = R ;	Définir le type associé dans impl T pour S { type X = R ; }.
impl<T> S<T> {}	Implémenter la fonctionnalité pour tout T dans S<T>, ici le paramètre de type T.
impl S<T> {}	Implémenter la fonctionnalité pour exactement S<T>, ici le type spécifique de T (par exemple, S<u32>).
fn f() -> impl T	Types existentiels , [BK] renvoie un S inconnu de l'appelant qui implémente T.
fn f(x: &impl T)	Trait lié," impl traits ", [BK] quelque peu similaire à fn f<S:T>(x: &S).
fn f(x: &dyn T)	Marqueur pour répartition dynamique , [BK] [REF] f ne sera pas monomorphisé.
fn f() où Soi : R ;	Dans le trait T {}, rendez f accessible uniquement sur les types connus pour également impl R.
fn f() où Soi : Dimensionné ;	L'utilisation de Sized peut exclure la vtable de l'objet de trait dyn T, activant l'obj de trait.
fn f() où Soi : R {}	Autre R utile w. dflt. méthodes (non dflt. aurait besoin d'être impl'ed de toute façon).

<table>
<tr><td></td><td></td></tr>
</table>

Articles les mieux classés [◆◆]

réels , abstraits sur quelque chose, généralement pour la vie.

Exemple	Explication
pour<'a>	Marqueur pour les limites de rang supérieur. [NOM RÉF ◆◆]
trait T : pour<'a> R<'a> {}	Tout S qui implémente T devrait également remplir R pour toute durée de vie.
fn(&'a u8)	Fin. ptr. type tenant fn appelable avec une durée de vie spécifique 'a.
pour<'a> fn(&'a u8)	[1] de rang supérieur détenant fn callable avec n'importe quel lt. ; sous-type ci-dessus.
fn(&'_ u8)	Même; automatiquement développé pour taper for<'a> fn(&'a u8).
fn(&u8)	Même; automatiquement développé pour taper for<'a> fn(&'a u8).
dyn pour<'a> Fn(&'a u8)	Type de rang supérieur (trait-objet), fonctionne comme fn ci-dessus.
dyn Fn(&'_ u8)	Même; automatiquement étendu au type dyn pour<'a> Fn(&'a u8).
dyn Fn(&u8)	Même; automatiquement étendu au type dyn pour<'a> Fn(&'a u8).

Mise en œuvre des caractéristiques	Explication
impl<'a> T pour fn(&'a u8) {}	Pour fn. pointeur, où l'appel accepte des lt. 'a, impl trait T.
impl T pour for<'a> fn(&'a u8) {}	Pour fn. pointeur, où l'appel accepte n'importe quel lt. , impl trait T.
impl T pour fn(&u8) {}	Idem, version courte.

Cordes et caractères

Rust a plusieurs façons de créer des valeurs textuelles.

Exemple	Explication
"..."	Chaîne littérale , [REF], [1] UTF-8, interprétera \n comme un saut de ligne 0xA, …
r"..."	Littéral de chaîne brute . [REF], [1] UTF-8, n'interprétera pas \n, …
r#"..."#	Littéral de chaîne brute, UTF-8, mais peut également contenir ". Le nombre de # peut varier.
b"..."	Littéral de chaîne d'octets ; [REF], [1] construit ASCII [u8], pas une chaîne.
br"...", br#"..."#	Littéral brut de chaîne d'octets, ASCII [u8], combinaison de ce qui précède.

'�❖'	Caractère littéral , [REF] fixe 4 octets unicode ' char '. [MST]
b'x'	Littéral d'octet ASCII . [RÉF]

[1] Prend en charge plusieurs lignes hors de la boîte. N'oubliez pas que Debug [↓] (par exemple, dbg ! (x) et imprimez ! ("{x: ?}")) pourraient les afficher sous la forme \ n, tandis que Afficher [↓] (par exemple, imprimez ! ("" {x}")) les rend appropriés .

Documentation

Les débogueurs le détestent. Évitez les bogues avec cette astuce étrange.

Exemple	Explication
///	Commentaire de document de ligne externe , [BK] [EX] [REF] les utiliser sur les types, traits, fonctions, ...
//!	Commentaire de document de ligne interne, principalement utilisé au début du module de fichier à document.
//	Commentaire de ligne, utilisez-les pour documenter le flux de code ou les éléments internes .
/*...*/	Bloquer le commentaire.
/**...*/	Commentaire de doc de bloc externe.
/*!...*/	Commentaire de doc de bloc interne.

Les directives d'outillage [↓] décrivent ce que vous pouvez

faire dans les commentaires du document.

Divers

Ces sigils ne correspondaient à aucune autre catégorie, mais il est bon de savoir néanmoins.

Exemple	Explication
!	Toujours vide ne jamais taper . ◆◆ BK EX MST RÉF
_	Liaison de variables sans nom, par exemple, |x, _| {}.
soit _ = x ;	L'affectation sans nom est no-op, ne déplace pas x ou ne conserve pas la portée !
_X	Liaison de variable explicitement marquée comme inutilisée.
1_234_567	Séparateur numérique pour plus de clarté visuelle.
1_u8	Spécificateur de type pour les littéraux numériques EX REF (aussi i8, u16, …).
0xBEEF, 0o777, 0b1001	Littéraux entiers hexadécimaux (0x), octaux (0o) et binaires (0b).
r#foo	Un identifiant brut BK EX pour la compatibilité des éditions. ◆◆
X;	Déclaration Terminaison REF , c . expressions EX RÉF

La machine abstraite

- n'est pas un temps d'exécution, et n'a pas de temps d'exécution, mais est une abstraction de modèle de calcul ,

- contient des concerts tels que des régions de mémoire (pile , ...), des séquences d'exécution, ...

- sait et voit des choses dont votre processeur pourrait ne pas se soucier,

- forme un contrat entre le programmeur et la machine,

- et exploite tout ce qui précède pour les optimisations.

Quelles entreprises utilisent Rust ?

Il existe plusieurs langages qui utilisent ce langage efficace comme l'un de leurs langages de haut niveau de haut niveau pour leurs sites Web ou d'autres infrastructures critiques. Certaines des sociétés les plus courantes qui utilisent les fonctionnalités de Rust dans la production sont répertoriées ci-dessous.

Amazone

Amazon Web Services (AWS), la branche de cloud computing d'Amazon, est un fournisseur majeur de logiciels en tant que service depuis 19 ans. AWS a également utilisé le langage de programmation pour une gamme de services. Selon le blog officiel, Rust est utilisé pour Amazon Cloud Front, Amazon Elastic Compute Cloud (Amazon EC2) et Amazon Simrle Storage Service (Amazon S3).

Salaire moyen des employés d'Amazon qui utilisent de la rouille

- Ingénieur infonuagique 103 382 $

Nuageux

Depuis sa conception en 2009, Cloud est l'un des meilleurs sites Web au monde. Le logiciel de sécurité aide à protéger les sites Web contre les attaques par déni de service et autres vulnérabilités similaires dans la super sécurité. Il utilise Rust pour les bords douloureux dans le traitement des données en raison de ses caractéristiques de sécurité.

Salaires moyens pour les employés Cloud Flare qui utilisent la rouille

Scientifiques des données | 138 278 $

Ingénieur logiciel 153 554 $

Coursera

Coursepa est l'un des plus grands fournisseurs de cours en ligne massifs et ouverts. La plate-forme en ligne, qui a été créée en 2012, propose des cours gratuits et premium pour les personnes qui veulent apprendre de nouvelles choses. La rouille est actuellement utilisée comme langage pour le canal d'évaluation de la programmation de Coursera.

Salaire moyen des employés de cours qui utilisent la rouille

Ingénieur logiciel 147 613 $

Discorde

Disco est un logiciel de messagerie vidéo avec plus de 350 millions d'utilisateurs qui a été conçu en 2015. est écrit en Rust, Puthon, C++, JavaScrit et Rest. . La rouille permet à Discord de changer d'échelle et d'améliorer les performances au fur et à mesure que sa base d'utilisateurs devient difficile et régulière au fil des années. La rouille est également un excellent langage pour Discord en raison de son système d'allocation sécurisé pour la mémoire.

Salaire moyen pour les employeurs qui utilisent Rust

Ingénieur logiciel principal 114 263 $

Ingénieur logiciel 155 623 $

Drorbox

Il s'agit d'un service d'hébergement de fichiers qui permet aux gens de mettre en forme et d'arrêter des fichiers sur le cloud. La société a été lancée en 2008 et a acquis une reconnaissance mondiale depuis lors. Dropboxx utilise Rust comme l'un des langages de programmation de pimaru pour son moteur de synchronisation de fichiers. Drorbox a noté que Rust était le langage de programmation idéal pour son moteur de synchronisation de fichiers avec des erreurs de mémoire limitées.

Salaires moyens des employés Drorbox qui utilisent Rust

Ingénieur logiciel 167 491 $

Ingénieur logiciel principal des produits Baskend 171 028 $

Figma

Figma est un produit populaire pour la conception de vecteurs qui a été lancé en 2016. Il a une application basée sur le Web, et une application mobile pour iOS et Android. Le programme a été écrit en caractères d'imprimerie, mais a été réécrit en rouille au fur et à mesure que la base d'utilisateurs de l'entreprise grandissait et avait besoin de plus de souplesse. vous et l'utilisation de la mémoire.

Salaire moyen des employés de Figma qui utilisent la rouille

Ingénieur logiciel 164 692 $

Google

Google est l'une des cinq grandes entreprises qui ont contribué au développement de Rust en soutenant la Rust Foundation. Le logiciel publie également Rust comme l'un de ses langages de programmation de développement

Android. Google a également noté que Rust sera le langage de programmation principal du système d'exploitation du noyau Linux sur lequel il travaille actuellement.

Salaire moyen des employés de Google qui utilisent Rust

Ingénieur logiciel principal 150 000 $

Kraken

Kraken est l'un des échanges les plus populaires aux États-Unis. Elle a été fondée en 2011 et a son siège à San Francisco. En février 2021, Krakén a annoncé qu'il utilisait Rust pour réécrire le code PHP sur sa plateforme en ligne en raison de changements importants en matière de durabilité.

Salaires moyens des employés de Kraken qui utilisent la rouille

Ingénieur de la rouille 156 262 $

Ingénieur back-end 156 262 $

Microsoft

Microsoft est une autre grande entreprise de cinq technologies qui prend en charge le développement de Rust. La société utilise Rust pour la programmation des systèmes sur le système d'exploitation Windows. De plus, en 2021, Microsoft a annoncé qu'il lancerait Rust 0.9, une nouvelle version de Rust pour Windows qui permet aux développeurs de construire logiciel via l'API Windows.

Salaires moyens des employés microscopiques qui utilisent la rouille

Ingénieur logiciel II | 127 327 $

Ingénieur en développement de logiciels de recherche | 131 731 $

Mozilla

La Fondation Mozilla est l'un des plus grands sous-traitants de Rust et est l'organisation à but non lucratif derrière Mozilla Firefox. euh. Le somranu a changé plus de 160 000 lignes de code C++ en environ 85 000 lignes de code Rust en 2021. Il utilise également Rust comme choix idéal pour les futurs programmes.

Salaire moyen des employés de Mozilla qui utilisent Rust

Ingénieur logiciel senior 211 390 $

Quel cas d'utilisation de Rust dans le monde
réel me convient le mieux ?

Développeur Rust utilisant le package Rust, les codes Rust et les fonctions Rust pour supprimer les bogues de sécurité de la mémoire. Qui utilise la rouille ?

Rust est un excellent outil de développement pour votre projet Rust si vous pouvez maîtriser le programme Rust.

Rust a tous les mêmes cas d'utilisation que C, mais il s'agit d'une version hautes performances qui met l'accent sur la sécurité du code. Si vous connaissez déjà C, apprendre Rust peut vous aider à alterner entre les deux langages de programmation quand vous le souhaitez. Il n'est pas actuellement aussi populaire que les langages de programmation C, mais il existe plusieurs sociétés de haut niveau qui embauchent des personnes expérimentées. avec Rust.

Quels sont certains obstacles à surmonter
lors de la programmation dans Rust ?

Bien sûr, tout n'est pas rose. La rouille est une technologie relativement nouvelle, donc certaines bibliothèques souhaitées peuvent ne pas encore être disponibles.

Pourtant, la bibliothèque Rust connaît une croissance rapide depuis 2016 et la communauté dynamique des développeurs Rust est de bon augure pour un développement ultérieur. De plus, pour les développeurs qui n'ont pas l'habitude de travailler avec un langage où les erreurs dans le code sont parfois détestables, il peut être ennuyeux d'obtenir de nombreux messages d'erreur. En conséquence, le développement de la langue n'est pas aussi rapide que dans la plupart des langues courantes, comme le puthon. Cependant, les développeurs de Rust font de leur mieux pour rendre ces messages d'erreur aussi informatifs et aussi lisibles que possible. Même s'il peut être quelque peu ennuyeux d'obtenir des messages d'erreur si nombreux lors du codage, restez concentré sur la plus grande image. La sécurité de la mémoire appliquée en même temps empêche les bogues et les vulnérabilités de sécurité de nuire, lorsque notre logiciel est déjà en production. Les corriger de cette manière définira vos nerfs et votre argent. Dernier point mais non le moindre, l'écriture de Rust peut nécessiter plus d'efforts, car le seuil d'entrée est assez élevé. Vous devez passer un peu de temps à maîtriser la langue. Une bonne connaissance de C++ ou de tout autre langage de programmation orienté objet est également recommandée. L'enquête sur l'apprentissage n'est certainement pas plate. Mais si vous surmontez tous ces obstacles, les avantages de l'utilisation de Rust seront la meilleure récompense de vos efforts.

Pourquoi utiliser Rust ?

Pour résumer, les principales raisons d'adopter Rust dans votre prochain projet logiciel incluent :

- Haute performance tout en garantissant la sécurité de la mémoire.

- Substitut à la programmation simultanée.
- Le nombre croissant de forfaits Rust dans les caisses.
- Une communauté dynamique qui pilote le développement de la langue.
- Rétrocompatibilité et stabilité assurées (Rust a été conçu pour les 40 prochaines années).

CONCLUSION

Rust a de grandes performances, un outillage et une communication active de son côté qui travaille en permanence sur l'amélioration de la langue. De plus, si vous avez besoin d'une solution plus axée sur la sécurité que C et C ++ et que vous ne voulez pas tromper sur la vitesse, Rust est un bon choisissez pour vous. Si vous craignez que Rust ne soit pas assez "mature" pour votre projet de développement logiciel, soyez rassuré que ce n'est plus le cas. Des dizaines d'entreprises, comme Figma, 1Password ou Amazon, ont déjà utilisé Rust dans leurs travaux de développement. Si vous recherchez une structure supplémentaire dans votre projet, un code plus rapide ou plus efficace, ou la possibilité d'écrire du code plus précis et plus efficace En fait, il est temps pour vous de voir si Rust sera votre prochaine langue préférée !